هل تعلم كم أحبك

تاليف
صام مكبراتني

تصوير
أنيتة جرام

To Liz with love,
A.J.

This dual language edition published in 2003
by Magi Publications, 1 The Coda Centre,
189 Munster Road, London SW6 6AW

First published in Great Britain 1994
by Walker Books Ltd, London, SE11 5HJ

Printed and bound in Hong Kong

ISBN 1 85430 988 9

GUESS HOW MUCH I LOVE YOU

Written by
Sam McBratney

Illustrated by
Anita Jeram

TRANSLATED BY
RAJAE HANAFI

MAGI PUBLICATIONS
LONDON

عندما كان الارنب البني الصغير ذاهبا
لينام، أمسك بشدة بأذنيّ الارنب البني
الكبير المفرطتين في الطو ل.

Little Nutbrown Hare, who was going to bed, held on tight to Big Nutbrown Hare's very long ears.

كان يريد أن يتيقن من أن الارنب البني الكبير كان يستمع اليه.
"هل تعلم كم أحبك؟" سأل الارنب البني الصغير.
"آه ، لا أ ظن أنه بوسعي معرفة ذلك" أجاب الارنب البني الكبير.

He wanted to be sure that Big Nutbrown Hare was listening.
"Guess how much I love you," he said.
"Oh, I don't think I could guess that," said Big Nutbrown Hare.

"كل هذا الحب"، قال الارنب البني
الصغير وهو فاتحا ذراعيه بكامليهما.

"This much," said Little Nutbrown Hare, stretching out his arms as wide as they could go.

فرد الارنب البني الكبير "وانا أيضا **أحبك** كل هذا الحب".

لكن ذراعي الارنب الكبير كانتا أطول.

فردد الارنب البني الصغير في نفسه إن هذا كثير.

Big Nutbrown Hare had even longer arms.
"But I love YOU this much," he said.
Hmm, that is a lot, thought Little Nutbrown Hare.

"I love you
as high as
I can reach,"
said Little
Nutbrown
Hare.

فقال الارنب
البني الصغير
"أحبك حتى
أعلى مكان
أستطيع
لمسه".

فرد الارنب البني الكبير "وانا أيضا أحبك حتى أعلى مكان أستطيع لمسه".

"I love you as high as *I* can reach," said Big Nutbrown Hare.

فردد الارنب البني
الصغير في نفسه ولكن
هذا المكان مرتفعا إلى
حد ما. أتمنى لو كانت
ذراعاي بهذا الطول.

That is quite high,
thought Little
Nutbrown Hare.
I wish I had arms
like that.

وبعد ذلك خطرت على بال الارنب
البني الصغير فكرة بارعة.
فوضع يديه إلى الاسفل وقدميه إلى
الاعلى حتى لمستا جدع الشجرة.

Then Little Nutbrown Hare had a good idea. He tumbled upside down and reached up the tree trunk with his feet.

وقال"أحبك بمقدار
المسافة التي تفصل
يديّ عن أصابع قدميّ".

"I love you all
the way up to
my toes!"
he said.

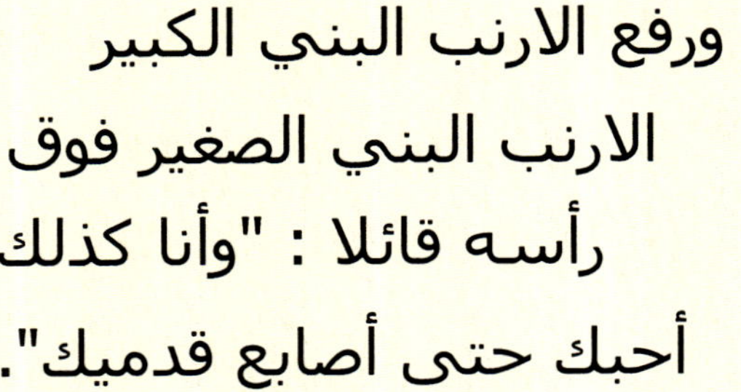
ورفع الارنب البني الكبير
الارنب البني الصغير فوق
رأسه قائلا : "وأنا كذلك
أحبك حتى أصابع قدميك".

"And *I* love you all the way up to your toes," said Big Nutbrown Hare, swinging him up over his head.

فقال الارنب البني
الصغير ضاحكا وهو
يثب من الاسفل
الى الاعلى

"أحبك بمقدار
أعلى نطة **أنطها**".

"I love you as high
as I can HOP!"
laughed Little
Nutbrown Hare,

bouncing up
and down.

فرد الارنب البني الكبير مبتسما "ولكني أنا أيضا أحبك بمقدار أعلى نطة أنطها". ونط بعد ذلك نطة عالية حتى لمست أذناه أغصان الشجرة.

"But I love you as high as *I* can hop," smiled Big Nutbrown Hare – and he hopped so high that his ears touched the branches above.

فردد الارنب البني
الصغير في نفسه
إنها لنطة ممتازة.
تمنيت لو كنت
قادرا على أن أنط
بهذه المهارة.

That's good hopping, thought Little Nutbrown Hare. I wish I could hop like that.

فصرخ الارنب البني الصغير "أحبك كل المسافة إلى النهر".

“I love you all the way down the lane as far as the river,” cried Little Nutbrown Hare.

فقال الارنب البني الكبير "حبي لك يتجاوز
عبورالنهر وما وراء التلال".

"I love you across the river and over the hills," said Big Nutbrown Hare.

فردد الارنب البني الصغير في نفسه إن هذا بعيد
جدا. وكان النوم قد بدأ يسيطر عليه ولم يعد
يقوى على التفكير في شي ء جديد يقوله.
ثم أرسل ببصره الى ما وراء
الشجيرات الشائكة ، وأمعن
النظر في ظلام الليل الكبير.
لا يوجد مكان أبعد
من السماء.

That's very far, thought Little Nutbrown Hare.
He was almost too sleepy to think any more.
Then he looked beyond the
thorn bushes, out into the big
dark night. Nothing could be
further than the sky.

فقال الارنب البني الصغير وهو يغمض
عينيه "أحبك مسافة الارض **للقمر**".

فرد الارنب البني الكبير "آه ...إن هذا
بعيد، بعيد جدا".

"I love you right up to
the MOON," he said,
and closed his eyes.
"Oh, that's far," said
Big Nutbrown Hare.
"That is very, very far."

فوضع الارنب البني الكبير الارنب البني الصغير في سريره الورقي لينام.

Big Nutbrown Hare settled Little Nutbrown Hare into his bed of leaves.

وانحنى عليه وقبله
قبلة النوم.

He leaned over and
kissed him good
night.

وبعد ذلك تمدد بقربه وهمس
مبتسما
"وأنا أحبك مسافة الارض للقمر
ذهابا **وإيابا**".

Then he lay down close by
and whispered with a smile,
"I love you right up to the moon –
AND BACK."